Diese Seite wurde absichtlich leer gelassen.

Widmung

Kurze Erklärung und Anleitung

Ganz egal wie ihr hier auf dieses Buch gekommen seid, heute ist euer Glückstag! Denn, nicht nur, dass wir rund 111 tolle und spannende Aktivitäten für euch im super süßen Design bereit gehalten haben, dieses Buch hat zudem auch noch Superkräfte. Das Einzige was ihr dafür tun müsst, ist, euch auf dieses Buch hier einzulassen.

Dabei egal ob ihr noch am Anfang eurer Liebesgeschichte steht oder schon alte Hase im Showgeschft seid, ganz gleich wie harmonisch eure Beziehung ist oder wie oft die Teller bei euch fliegen, dieses Buch kann euch dabei helfen, euch gegenseitig noch besser kennezulernen und andere Seiten am Partner zu entdecken, sowie die Beziheung noch aufregender und schöner zu gestalten.

Zum Start findet ihr auf den ersten Seiten einige kurze, knackige Fragen zum Ausfüllen über euch und eure Beziehung. Keine Sorge, alles easy peasy. Die beantwrotet ihr am besten als erstes, klebt ein hpbsches und ein nicht ganz so hübsches Foto von euch rein und dann kann es auch schon fröhlich losgehen.

Wir sind:

Dieses Buch wird ausgefüllt von:

________________ & ________________.

Seit diesem Tag sind wir ein Paar:

________________.

Hier haben wir uns kennengelernt:

____________________________________.

Den ersten Schritt hat ____________________gemacht.

Hier haben wir uns das erste mal geküsst:

____________________________.

In der Beziehung hat

- ☐ Er die Hosen an.
- ☐ Sie die die Hosen an.
- ☐ Jeder ein Hosenbein an

Sooo, nun gehts aber los!

Hier kommen 111 super spannende und aufregende Aktivitäten, die eure Beziehung noch schöner und aufregender machen.

Denkt immer dran, dass dieses Buch seine Superkräfte nicht bei denen entfaltet, die es in Windeseile abklappern.
Gut Ding, braucht Weile.

Und nun viel Spaß.

xoxo

Jetzt wird's romantisch:

Es ist Dating-Zeit!

Jetzt wird's romantisch:

Es ist Dating-Zeit!

1. Date im Grünen: Macht ein Picknick. ☐

Hier haben wir unser Picknick gemacht:

____.

2. Wie alles begann: Habt euer erstes Date zum zweiten Mal. ☐

Das war unser erstes Date: ____________________________________

______________________________.

3. Romantik pur: Schaut euch zusammen einen Sonnenaufgang und -untergang an. ☐

Hier haben wir uns den Sonnenaufgang angeschaut:

--.

Hier haben wir uns den Sonnenuntergang angeschaut:

--.

4. High Five: Habt ein Dinner/ Drinks auf einem Rooftop. ☐

WAREN DIE DRINKS GUT?

JA ☐ NEIN ☐

5. Let's stay in Bed: Bestellt euch euer Lieblingsessen und kuschelt euch im Bett ein. ☐

WAS WIRD HEUTE GESCHAUT?

#DOKUMENTATIONEN ☐

#FILME ☐

#LUSTIGE VIDEOS ☐

6. Jetzt wird's muckelig: Macht ein romantisches Lagerfeuer an einer geeigneten Stelle ☐

#vergesstdengutenweinnicht

7. SONNE, MOND UND STERNE: VERBRINGT EINE NACHT UNTER FREIEM STERNENHIMMEL.

Hier haben wir die Nacht verbracht:

______________________________.

8. Doppelt Gemoppelt: Geht auf ein Double-Date.

Wir haben das Date mit ____________ & ____________ verbracht und folgendes unternommen: ______________________.

9. Alles auf Anfang: Besucht noch einmal den Ort, an dem ihr euch kennengelernt habt.

HIER HABEN WIR UNS KENNENGELERNT:

______________________________.

10. Wo alles begann: Besucht gemeinsam die Orte wo ihr aufgewachsen seid. ☐

Geboren sind wir hier:

Sie: ______________________________.

Er: ______________________________.

Aufgewachsen sind wir hier:

Sie: ______________________________.

Er: ______________________________.

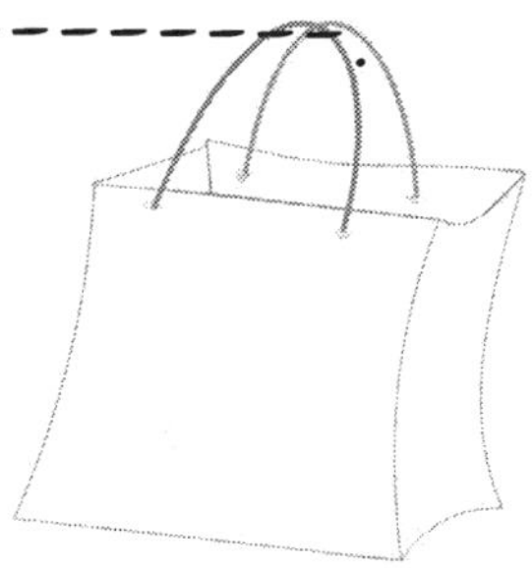

11. Surpriiiiiseeee: Schenkt euch gegenseitig eine kleine Aufmerksamkeit ☐

Das hat er mir geschenkt: ______________________________

______________________________.

Das hat sie mir geschenkt: ______________________________

______________________________.

12. Love is in the Air: Schreibt einen süßen Liebesbrief einander.

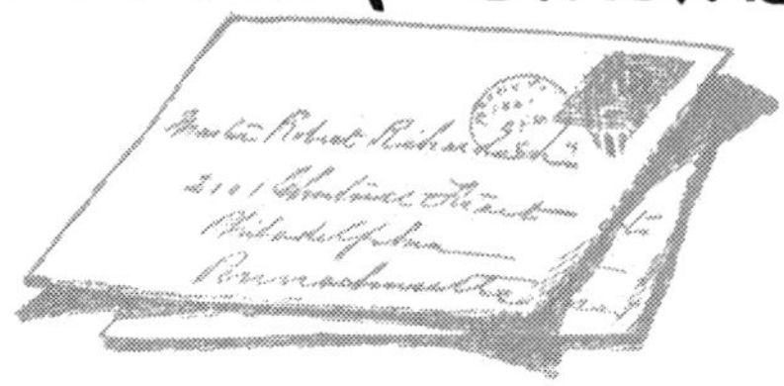

13. Kurzer Tripp: Setzt euch ins Auto und einfach Cruist los!

Wir sind spontan hierhin gefahren:

______________________________________.

14. Say Cheeeese: Macht coole Fotos im Fotoautomat

Hier einkleben!

15. DU BEDEUTEST ALLES FÜR MICH: ERFÜLLT EUCH GEGENSEITIG EINEN LANG ERSEHNTEN WUNSCH!

Diesen Wunsch habe ich Ihm erfüllt:

____.

Diesen Wunsch habe ich Ihr erfüllt:

____.

16. DER BAUM DES LEBENS: KÜSST EUCH EINE MINUTE LANG UNTER EINEM BAUM

Beschreibt mit einem Wort wie es war:

____________________,

17. Gönnt euch mal was: *Bucht euch eine entspannt Paarmassage!*

#Was danach passiert ist euch überlassen ;)

Dereich zur Reflexion

Dereich zur Reflexion

AUF EIN ABENTEUER?

#LETS GO!

AUF EIN ABENTEUER?

#LETS GO!

18. Geht zusammen Fallschirm-springen! ☐

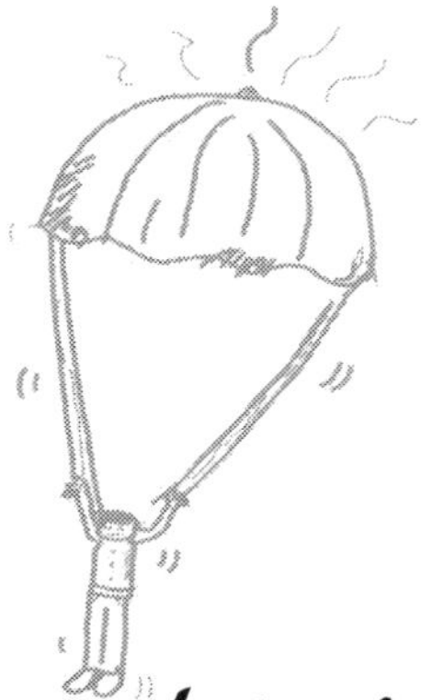

19. Macht einen gemeinsamen Ausritt auf Pferden! ☐

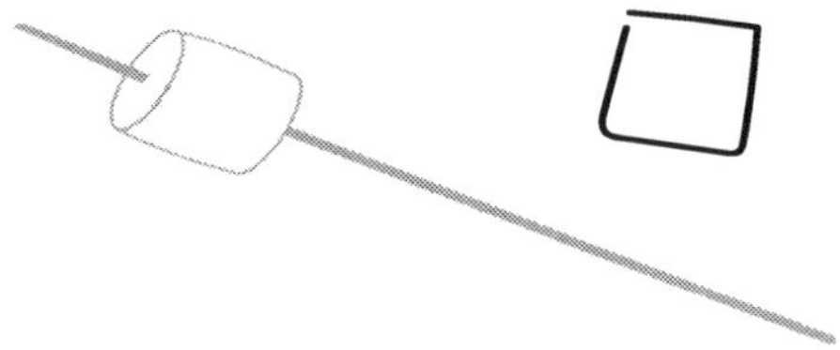

20. SPONTAN IST IMMER GUT: GEHT CAMPEN!

WIR WAREN HIER: ________________ ☐

21. Let's Play: Spielt Paintball gegeneinander: für die „Softies" geht auch ☐

eine runde Lasertag!

22. GUTTERBALL! GEHT GEMEINSAM EINE PARTIE BOWLEN - DER VERLIERER ZAHLT DIE DRINKS! ☐

23. Macht eine Fahrt im Heißluftballon! ☐

24. HOLT EURE ZWEIRÄDER RAUS: und begebt euch auf eine coole Fahrradtour ☐

25. SCHWINDELFREI? GEHT IN EINEN FREIZEITPARK! ☐

#SKALA VON 1 - 10
WIE LUST WAR ES? 1 ------------------ 10

26. Viva los Mexico! BESUCHT einen Tanzkurz für Paare ☐

COOLE FÄNDEN WIR:

______________________,

27. MACHT EINE QUADTOUR! ☐

28. Geht im nächsten Urlaub mit DELFINEN schwimmen. ☐

29. MACHT MIT BEI EINEM KRASSEN Survival-Training! ☐

30. Haus hochlaufen mal anders!

„Ist krass, macht aber auch viel Spaß!!" ;)

Probiert die Sporart "Houserunning" aus!

31. Jetzt wird es Spucky!

Besucht den Hamburger-Dom!

32. Sonne, Strand, Meer und picknick:

Macht ein schönes Lagerfeuer am Strand. Vergesst dabei nicht den Picknick-Korb, genügend snacks und eine schöne flasche Wein!

Dereich zur Reflexion

Bereich zur Reflexion

Wanderlust!

Wanderlust!

33. Endlich Wochenende! Macht einen spontanen

Wochenendtrip

34. Rucksack auf und los:

geht „Backpacken“

35. Wanderlust!

GEHT IN DEN ALPEN WANDERN!

36. Fernost?

Wie war's?

Deep

Anstrengend

Reist nach Thailand!

37. Wellness für die Seele!

Bucht euch einen schönen Wellnessurlaub, einfach um mal die Seele baumeln zu lassen und euch so richtig zu entspannen. Denn, wenn nicht ihr, wer sonst? Gute Reise!

38. Camper- & Co.: ☐

MIETET EUCH EINEN CAMPER UND REIST QUER DURCH EUROPA!

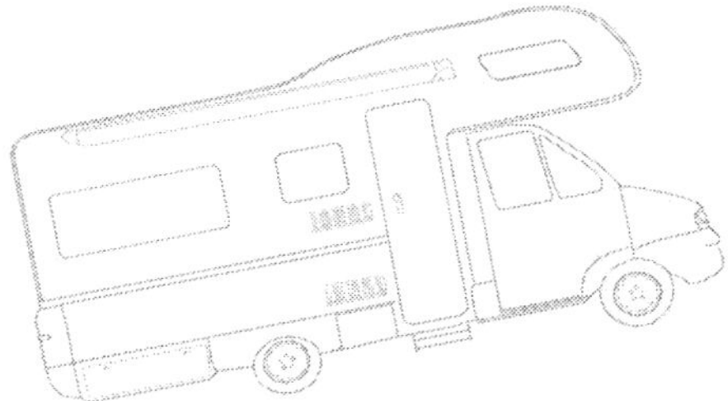

39. BERGE, FREIHEIT, LUFT UND NATUR!: WANDERT HOCH ZUM MOUNT EVEREST! ☐

WIE LANGE HABT IHR GEBRAUCHT?

____ STD.

40. Auf der Mauer auf der Lauer: Einmal die

Chinesischen Mauer ☐

in Echt sehen!

41. DEEP-BLUE- OCEAN! ÜBERNACHTET IN EINER „OVER-WATER-VILLA"

42. Mailand – die Stadt der Mode

Geht Gelato und Pizza in Italien essen!

43. HOLA, ¿QUÉ PASA?

Pilgert den Jakobsweg in Spanien entlang.

44. „OANS, ZWOA, G'SUFFA"

BESUCHT DAS OKTOBERFEST UND BESTELLT EUCH EINE MAẞ BIER!

45. Kischig? Geht immer!

BESUCHT

den Eifelturm und küsst euch davor. ☐

Fotobeweis:

Wie findet ihr die Franzosen?

Bereich zur Reflexion

Bereich zur Reflexion

Ein bisschen verrückt ist völlig normal!

Zeichnet euch gegenseitig in das Kästchen hinein!

Ein bisschen verrückt ist völlig normal!

Zeichnet euch gegenseitig in das Kästchen hinein!

46. Get Silly!

SPIELT „WER ZUEST LACHT!" - MIT WASSER IM MUND ☐

Wer verliert, zahlt das nächste essen! xoxo

Der nasse Gewinner lautet: ______________________.

47. Musikgeschmack verbindet!

Erstellt euch eine gemeinsame Playlist, auf die ihr beide zugreifen könnt.

☐

48. THE STAGE IS YOURS: PERFORMT WÄHREND DER AUTOFAHRT EIN ODER MEHRER LIEDER ZUSAMMEN

☐

Für diese Performance könnten wir Geld verlangen:

_ _ _ _ _ _ _ _ _ _ _ _ _ _ _ _ _ _ _.

49. Daate-Night-Supreme!

GEHT INS KINO UND LASST DIE/ DEN KASSIERER/IN ENTSCHEIDEN WELCHEN FILM IHR GUCKT.

☐

HIER IST PLATZ FÜR DAS TICKET!

Bewertung auf einer Skala von 1-10: ________.

50. Euer Charmegefühl ist gefragt: Spielt "Wenn Ich du wäre" in der Öffentlichkeit. ☐

Die peinlichste Aufgabe, die er erfüllen musste war:

Sein Empfinden: ______________________________.

Ihr Empfinden: ______________________________.

Die peinlichste Aufgabe, die sie erfüllen musste war:

Ihr Empfinden: ______________________________.

Sein Empfinden: ______________________________.

Rückblickend war das ganze:

____

____

____

____

____

____

____

____

____

____

____

51. Versteckte Talente? K-Pop, Ballade, Schlager?

Singt zusammen ☐

in einer Karaoke-
bar

Wie war's?

☐ Gut! ☐ Solala!

Sein bester Track war:

---.

Ihr bester Track war:

---.

52. Let's Match!

Erstellt euch Partner T-Shirts und geht damit in die Öffentlichkeit!

„Vertrauen ist Mut und Treue ist Kraft"

Fotobeweis:

53. Mäusschen sag mal Pieeps!: Spielt Verstecken im Ikea - an einem Samstag!

Ihr bestes Versteck:

____

Sein Bestes Versteck:

____

54. Stellt euer Modegeschick unter Beweis!

Geht lecker essen und lasst dabei den Partner euer Outfit aussuchen!

Habt ihr euch mit euren Outfits wohl gefühlt?

Sii, klaro! ☐ Neej! ☐

Dereich zur Reflexion

Dereich zur Reflexion

Aufgaben der anderen Art und Weise !

Aufgaben der anderen Art und Weise!

55. *Steigt gemeinsam in die*

Badewanne!

oder Dusche!

56. **Briefe verschicken mal anders!**

ZURÜCK IN DIE 90ER:

VERSCHICKT EINE FLASCHENPOST MIT DEM AKTUELLEN DATUM UND EUREN UNTERSCHFITEN DRAUF.

#WER GUTES WÜNSCHT, DER BEKOMMT GUTES!

57. Sparschwein Alarm: Kauft euch ein Sparschwein und spart gemeinsam für etwas großes!

So viel haben wir gespart:__________€

☐

Mögliche Ideen zum ausgeben:

1: ______________________.
(Urlaub)

2: ______________________.

3: ______________________.

4: ______________________.

5: ______________________.

6: ______________________.

7: ______________________.

8: ______________________.

9: ______________________.

10: ______________________.

58. Momente die für immer eure sind! ☐

GESTALTET

ein gemeinsames Fotoalbum!

59. NACH SCHÄTZEN GRABEN! ☐

VERGRABT EINE

ERINNERUNGSKISTE FÜR

EURE KINDER!

60. Thailand-Urlaub? Koh-Tao? - Haie - Tauchen?!

☐ Macht einen Tauchschein!

KANN MAN WUNDERBAR MIT
EINER THAILANDREISE VERBINDEN

61. Wie fit seid ihr?

☐ Lauft einen Halbmarathon!

62. Moin, Moin!

BESUCHT HAMBURG UND GEHT STAND-UP-PADDELN! ☐

„Wenn ihr ganz lustig seid, trinkt ihr dabei!“

Wer ist zuerst vom Bord gefallen? ______________________.

63. Schacht – und Matt!

☐ Spielt eine Partie Shach zusammen!

64. DAS KÖNNEN MÄNNER AUCH: BRINGT EUCH STRICKEN BEI. DAFÜR GIBT ES EXTRA HANDBÜCHER, DIE AKTUELL HÄUFIGER AUCH VON MÄNNERN GEKAUFT WERDEN! ;)

☐

Skala von 7 - 16 wie gut war's?

7 ______________________ 16

~~NO~~ DRUGS

ALLOWED

~~NO~~ DRUGS

ALLOWED

65. Trinkfestigkeit & Treffsicherheit sind gefragt: *Spielt ein paar Runden Bierpong gegeneinander!* ☐

66. Genießt Holländische Kultur : *fahrt nach Holland und probiert typisch holländische „Sachen“ aus! ;)*

☐

67. SHISHA-BAR'S UND ORIENTALISCHE KULTUR:

Geht in eine Shishabar und probiert eine Shisha eurer Wahl aus! ☐

68. Get Dizzy! Betrinkt euch gemeinsam mal so richtig! ☐

69. Der Preis muss sich ja auch **Lohnen!** Betrinkt euch bei einer Bier-, Gin- oder **Weinverkostung!**

Preis:

________€

Wir waren bei dieser Verkostung:

________________________________.

☐

70. Wer ist der bessere Koch? - Dann bitte!

KOCHT EIN LECKERES GERICHT FÜR ZWEI UND BENUTZT DABEI EUREN LIEBLINGSWEIN!

☐

Bereich zur Reflexion

Dereich zur Reflexion

CHALLENGES

#1

CHALLENGES

#1

71. Die Anleitung hat immer recht:

Baut gemeinsam ein Möbelstück auf, ohne euch zu streiten.

AUFGEBAUT HABEN WIR EIN: ________________________.

SO LANGE HABEN WIR GEBRAUCHT: _____________/STD

72. Say yes! Sagt einen Tag lang zu allem "Ja" was der Partner sagt.

Das war das Lustige was er "bejaht" hat:

____.

Das war das Lustige was sie "bejaht" habe:

____.

73. Social Media & Co kann warten:

Verbringt einen ganzen Tag ohne eure Smartphones.

74. EAT TOGETHER - STAY TOGETHER: ESST EINEN TAG ALLES WAS EUER HERZ BEGEHRT UND VERGESST DIE BIKINI-FIGUR!

Das haben wir alles gegessen:

____

____

____

________________.

☐

75. Salsa, Walzer & Freestyle: Macht ein lustiges Dance-Battle und entscheidet wer gewonnen hat.

☐

76. JEDEN TAG EINE GUTE TAT: Kocht ein leckeres Gericht und verteilt es an Obdachlose

☐

DAS HABEN WIR GEKOCHT:

___________________________________.

DAS HAT UNS DABEI AM GLÜCKLICHSTEN GEMACHT:

___________________________________.

77. Zwei neue Namen im Guinessbuch? Versucht einen Weltrekord zu brechen.

DIESEN WELTREKORD HABEN WIR VERSUCHT ZU BRECHEN:

☐

____.

DER REKORD LAG BEI: ______________________________.

UNSER PERSÖNLICHER REKORD WAR: ___________________________.

78. Sleepless - Nights & Popcorn:

Macht die Nacht durch bei einem Filmemarathon (oder auch anderen Dingen)! ;)

Diese Filme haben wir geschaut: __________

____

_______________________________________.

☐

79. Holt die Spiele raus: Spielt ein x-beliebiges Spiel gegeneinander auf der Console! ☐

Das haben wir gespielt:

____.

Der Gewinner war:

____.

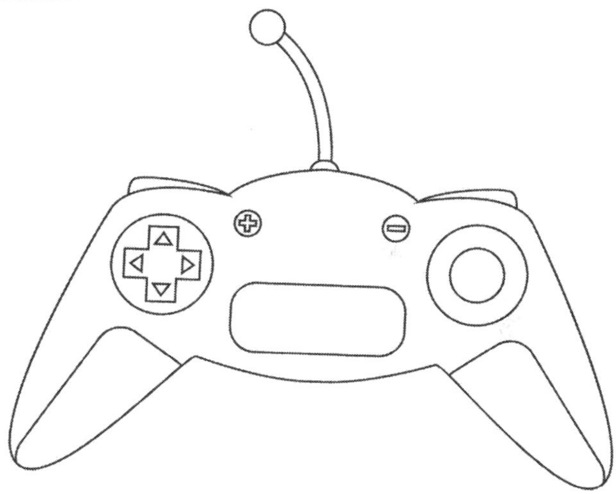

80. Unperfekt ist perfekt?! - Selfietime! ☐

SCHICKT EUCH ÜBER DEN TAG VERTEILT, ZUSAMMENHANGSLOS, EINS ODER MEHRERE HÄSSLICHE/LUSTIGE SELFIES...

81. Der nächste Picasso?

ZEICHNET EUCH GEGENSEITIG!

☐

Ihre Zeichnung:

Ihre Punkte: __/10

82. Der nächste Picasso?

ZEICHNET EUCH GEGENSEITIG!

Seine Zeichnung:

Seine Punkte: __/10

Bereich zur Reflexion

Dereich zur Reflexion

All Around the World!

All Around the World!

83. Eine magische Nacht:

Fahrt an einen eurer Lieblingsorte und beobachtet den Sternenhimmel! ☐

84. 7 Kontinente gibt es:

Besucht das Reiseziel, welches ihr schon immer mal bereisen wolltet!

Hier waren wir nun endlich: ______________________________.

☐

85. Spontan ist immer gut:

Besucht spontan nacheinander eure Eltern!

☐

Ihre Eltern wohnen:

____.

Seine Eltern wohnen:

____.

86. Lasst euch inspirieren: Besucht das Konzert einer Band, die ihr noch nicht kennt! ☐

Diese Band haben wir uns angeschaut:

________________________________.

Und was war:

gut ☐ mittel ☐ sehr gut ☐

gefallen.

87. EIN WENIG ADRENALIN GEFÄLLIG?

☐ Geht in einen Freizeitpark und fahrt mit so vielen Geschäften wie möglich!

88. Hoch hinaus? Macht eine schöne Heißluftballonfahrt!

☐

DAS WAR UNSERE SORGE ZUERST:

____.

UNSER PERSÖNLICHES HIGHLIGHT WAR: ______________________________

____________________________________.

89. Jeder liebt Geschenke!

Beschenkt euch einen Tag lang gegenseitig mit Dingen, die dem anderen gefallen!

Das schönste Geschenk was er mir gemacht hat:

____

Das schönste Geschenk was sie mir gemacht hat:

____

☐

90. Gedankt der Liebe!

Feiert ausgiebig euren Jahrestag! ☐

91. 3 Tage Freiheit Pur!: Besucht ein Festival eurer Wahl!

☐

Auf diesem Festival waren wir:

_______________________________.

Und so stramm waren wir:

stramm – stramm	taumelnd	xxtreme
☐	☐	☐

92. Wart ihr schon einmal in? ☐

Reist einmal nach Ägypten und schaut euch die alten Pyramiden an!

93. Faszination Reykjavík!

BESUCHT DIE BLAUE LAGUNE UND ENT-SPANNT EUCH!

☐

„Momente werden zu Erinnerungen für zwei"

Und?? ________________________.

94. USA – Vegas, baby:

☐

Fliegt in die USA. Um genau zu sein nach Vegas!

95. TÜRKEI IST WUNDERSCHÖN: BESUCHT DAS MINERALHALTIGE THERMALBAD IN PAMUKKALE IM WESTEN DER TÜRKEI!

☐

96. Schöne Natur Deutschland?!

Besucht den Hotspot Königsee, Bayern

DIESE ERFAHRUNG WAR FÜR UNS:

____.

DAS HAT UNS BESONDERS GUT GEFALLEN: ____________________________.

DAS WAR ZUNÄCHST KOMISCH: ____________________________.

☐

97. Baden-Würtemberg, Schwäbische Alb

☐

Besucht den „Blautopf" in der Schwäbischen Alb, um mal so richtig abzuschalten!

98. Insel - Sonne - Strand - Meer

Besucht eine X-Beliebige Deutsche Insel. Egal ob Ost- oder Nordsee.

☐

YOU GOTTA

DO WHAT

YOU GOTTA

DO

YOU GOTTA
DO WHAT
YOU GOTTA
DO

99. I wanna spend my life with you:

☐ Plant gemeinsam eure Zukunft!

100. Behaltet eure Ziele fest vor Augen:

Kreiert gemeinsam ein Vision Board. ☐

101. Der nächste große Schritt!

KAUFT ODER MIETET ZUSAMMEN EIN HAUS ODER EINE WOHNNG! ☐

Haus oder Wohnung?

_______________.

Mögliche Stadtteile?

_______________. _______________.

_______________. _______________.

102. Hund, Katze, Maus: Schafft euch ein Haustier an. ☐

Name: ____.

Foto:

103. Pflanzt einen Baum:

Pflanzt einen Baum in eurem Garten oder ein schöne Blume auf eurem Balkon, der mit eurer Liebe wächst!

104. Baut euch etwas auf: Dekoriert die Wohnung schön, macht den Balkon frisch, ihr entscheidet was als nächstes dran ist.

105. Sparschwein #2!

SPAREN IST IMMER GUT UND DAMIT IHR EUCH IN ZUKUNFT AUCH VIELES LEISTEN KÖNNT, FANGT SCHON MAL AN ZU SPAREN

Euer Traum?

________________.

106. DO IT YOURSELF! - DIY:

Bastelt oder kreiiert Dinge, die Euch Spaß machen. ☐

107. Natur verbindet:

Geht häufiger in die Natur. Eventuell bereitet ihr vorher ein Picknick für den jeweiligen anderen vor! ☐

108. It's Dinner-Timme!

Dieses Essen wollten wir schon immer mal ausprobieren:

- ______________. ☐
- ______________. ☐
- ______________. ☐
- ______________. ☐
- ______________. ☐
- ______________. ☐

GENIEẞT MINDESTENS EINMAL IM MONAT 1 SCHÖNES DINNER ZU ZWEIT! ☐

109. Ja, ich will: Heiratet.

Unser schönstes Hochzeitsfoto:

109. Ja, ich will: Heiratet.

Unser schönstes Hochzeitsfoto:

110. Mini-Me incoming: Bekommt ein Kind

Name: ______________________________.

Foto:

111. Mini-Me incoming: Bekommt ein Kind

☐

Name: ______________________________.

Foto:

UNSERE EIGENE BUCKET LIST

UNSERE EIGENE BUCKET LIST

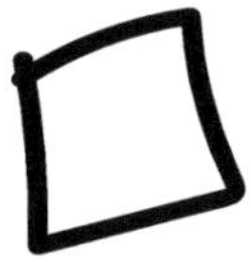

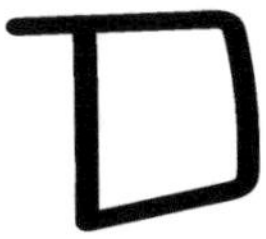

ם ______________________________

____

___________________________________.

ם ______________________________

____

___________________________________.

ם ______________________________

____

___________________________________.

ם ______________________________

____

___________________________________.

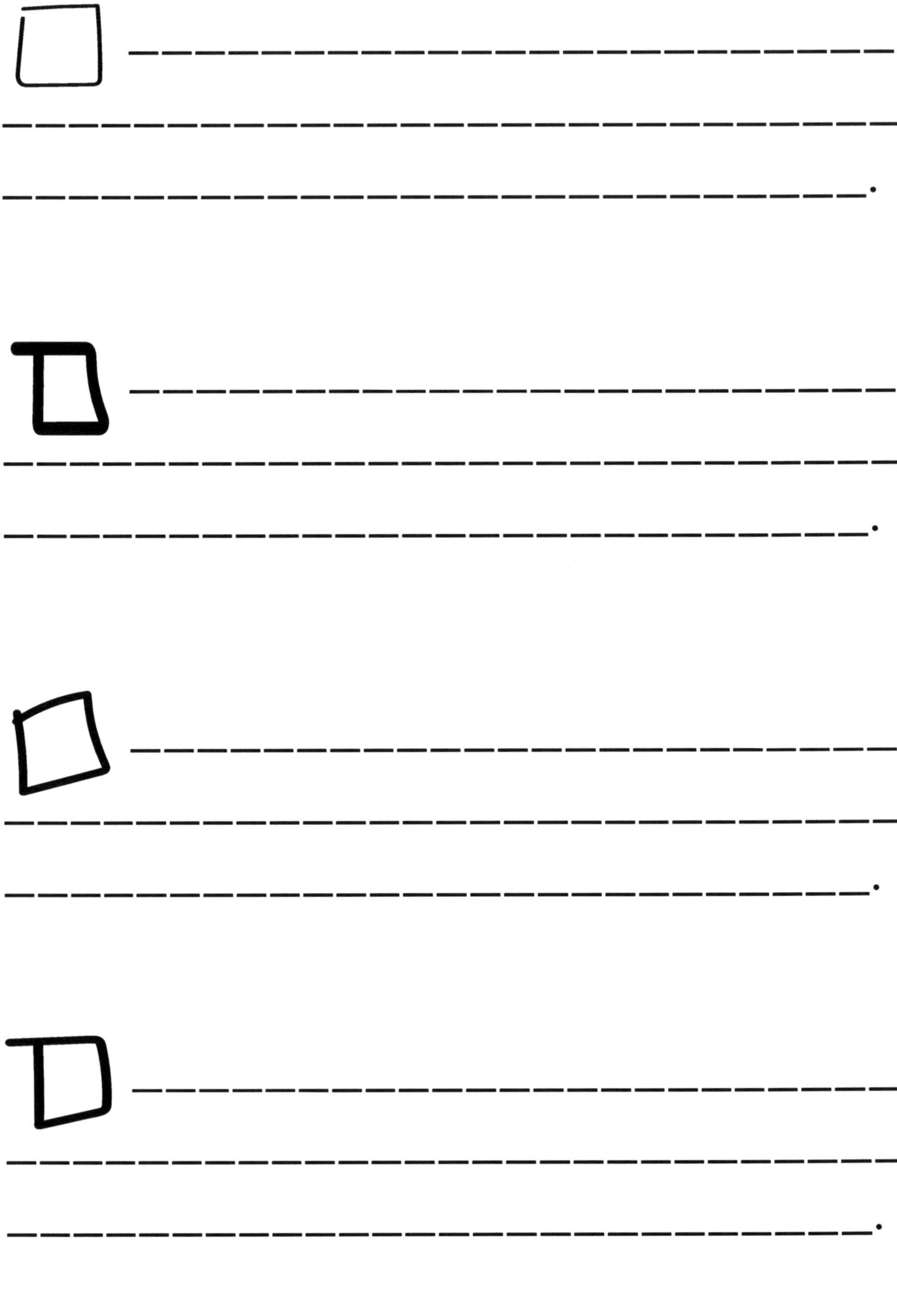

ם

ם

ם

ם

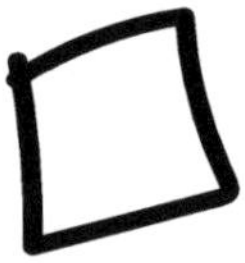

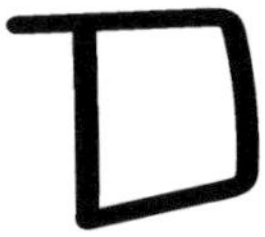

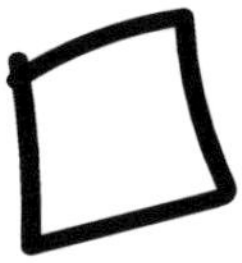

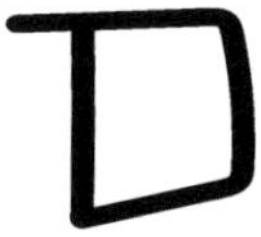

ם

.

ם

.

ם

.

ם

.

HAFTUNGSAUSSCHLUSS

Dieses Buch enthält Meinungen, Ideen und Tipps von dem Autor und beabsichtigt, den Lesern unterhaltsames und hilfreiches Wissen zu vermitteln. Die erhaltenen Anleitungen, passen möglicherweise nicht zu jedem Leser und gibt es auch keine Garantie dafür, dass sie bei jedem funktionieren. Die Benutzung dieses Buchs und die Umsetzung der darin ausgearbeiteten Informationen erfolgt ausdrücklich in eigener Verantwortung und Risiko. Das Werk, inklusive aller Inhalte, gewährt keine Gewähr oder Garantie für Korrektheit, Vollständigkeit, Qualität oder Aktualität der zur Verfügung gestellten Informationen. Fehlinformationen oder Druckfehler sind nicht vollständig auszuschließen.

Ebenso ist eine Haftung der Autoren bzw. des Verlags und seiner Beauftragten für Personen, Sach- oder Vermögensschäden ausgeschlossen.

Impressum

1. Auflage September 2021

Herausgeber:
Fabian Fürst
Drosselstraße 38
22083 Hamburg

Satz: Fabian Fürst

Coverdesign: Fiverr

ISBN: 9798477667789

Printed by Amazon

Printed in Germany
by Amazon Distribution
GmbH, Leipzig

24836680R00054